AF482689

Thomas von Aquin

Das Seiende und das Wesen

e-artnow 2018

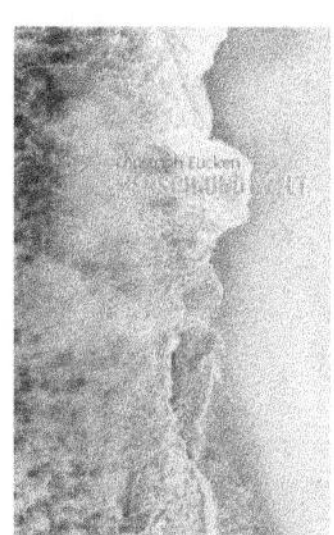

Christoph Eucken
Mensch und Welt

Christoph Eucken
Einführung in die Hauptfragen der Philosophie

Oswald Spengler
Der Mensch und die Technik

Karl Vorländer
Populäre Geschichte der Philosophie

Voltaire
Kandid

Thomas von Aquin

Das Seiende und das Wesen

De ente et essentia

e-artnow, 2018
Kontakt: info@e-artnow.org

ISBN 978-80-273-1405-8

Inhaltsverzeichnis

Einleitung

Weil ein kleiner Irrtum am Anfang am Ende ein großer ist nach dem Philosophen im 1. Buch von »Der Himmel und die Erde«, Seiendes und Wesen aber die sind, die zuerst von der Vernunft erfaßt werden, wie Avicenna am Anfang seiner »Metaphysik« sagt, muß man daher, damit nicht aus der Unkenntnis jener ein Fehler entsteht, zur Behebung der von ihnen ausgehenden Schwierigkeit sagen, was mit dem Wort »Wesen« und »Seiendes« bezeichnet wird und wie Wesen in verschiedenen Dingen vorgefunden wird und wie es sich zu den logischen Begriffen, nämlich Gattung, Art und Unterschied verhält.

Weil wir aber die Erkenntnis des Einfachen aus dem Zusammengesetzten gewinnen und vom Späteren zum Früheren gelangen müssen, muß man daher, damit das Verfahren, wenn wir mit dem Leichteren beginnen, angemessener wird, von der Bedeutung des Seienden zu der Bedeutung des Wesens fortschreiten.

Kapitel 1

Man muß nun wissen, daß, wie der Philosoph im 5. Buch der »Metaphysik« sagt, das Seiende als solches auf zweifache Weise ausgesagt wird: auf eine Weise so, daß es in zehn Kategorien eingeteilt wird, auf eine andere Weise so, daß es die Wahrheit der Aussagen bezeichnet. Der Unterschied dazwischen aber ist, daß auf die zweite Weise all jenes, worüber eine bejahende Aussage gebildet werden kann, Seiendes genannt werden kann, auch wenn jenes nichts in der Wirklichkeit meint; auf diese Weise werden Ermangelungen und negative Bestimmungen Seiendes genannt: wir sagen nämlich, daß die Bejahung der Verneinungentgegengesetzt »ist« und daß die Blindheit im Auge »ist«. Aber auf die erste Weise kann nur das, was etwas in der Wirklichkeit meint. Seiendes genannt werden. Daher sind Blindheit und dergleichen kein Seiendes auf die erste Weise.

Das Wort »Wesen« nun wird nicht von dem auf die zweite Weise ausgesagten Seienden hergenommen, auf diese Weise wird nämlich manches, was kein Wesen hat, Seiendes genannt, wie im Falle der Ermangelungen offenbar ist, sondern Wesen wird von dem auf die erste Weise ausgesagten Seienden hergenommen. Daher sagt der Kommentator zu derselben Stelle, daß das auf die erste Weise ausgesagte Seiende das ist, was das Wesen eines Dinges bezeichnet. Und weil, wie gesagt, das auf die erste Weise ausgesagte Seiende in zehn Kategorien eingeteilt wird, muß Wesen für alle Naturen, aufgrund deren verschiedenes Seiendes unter verschiedene Gattungen und Arten gebracht wird, etwas Gemeinsames bezeichnen, so wie Menschhaftigkeit das Wesen des Menschen ist, und so hinsichtlich des übrigen.

Und weil jenes, aufgrund dessen ein Ding in seine Gattung oder Art eingeordnet wird, das ist, was durch die Definition, die angibt, was das Ding ist, bezeichnet wird, daher kommt es, daß das Wort »Wesen« von den Philosophen in das Wort »Washeit« umgeändert wird. Und diese ist auch das, was der Philosoph häufig nennt das – was war es? – Sein, das ist das, wodurch etwas Was-Sein hat. Wesen wird auch Form genannt, insofern durch die Form die genaue Bestimmtheit eines jeden Dinges bezeichnet wird, wie Avicenna im 2. Buch seiner »Metaphysik« sagt. Wesen wird mit einem anderen Wort auch Natur genannt, Natur verstanden nach der ersten Weise jener vier, die Boëthius in der Schrift »Die zwei Naturen« angibt: danach wird nämlich all jenesNatur genannt, was mit der Vernunft auf irgendeine Weise erfaßt werden kann, kein Ding ist nämlich erkennbar außer durch seine Definition und sein Wesen. Und so sagt auch der Philosoph im 5. Buch der »Metaphysik«, daß jede Substanz eine Natur ist. Jedoch scheint das Wort »Natur«, auf diese Weise verstanden, das Wesen eines Dinges zu bezeichnen, insofern es (das Wort »Natur«) sich auf die eigentümliche Tätigkeit des Dinges bezieht, da kein Ding der eigentümlichen Tätigkeit ermangelt. Das Wort »Washeit« aber wird davon hergenommen, was durch die Definition bezeichnet wird. Aber Wesen heißt es, insofern durch es und in ihm ein Seiendes Sein hat.

Aber weil Seiendes ohne Einschränkung und in erster Linie von Substanzen, in zweiter Linie und gleichsam in gewisser Hinsicht von Eigenschaften ausgesagt wird, daher kommt es, daß auch Wesen im eigentlichen Sinne und in Wahrheit in Substanzen ist, aber in Eigenschaften in gewisser Weise und gewisser Hinsicht ist. Von den Substanzen aber sind einige einfach und einige zusammengesetzt, und in beiden ist Wesen, aber in den einfachen in wahrerer und vorzüglicherer Weise, insofern sie auch vorzüglicheres Sein haben: sie sind nämlich die Ursache dessen, was zusammengesetzt ist, wenigstens die erste einfache Substanz, die Gott ist. Aber weil die Wesen jener (einfachen) Substanzen für uns verborgener sind, daher muß man mit den Wesen der zusammengesetzten Substanzen beginnen, damit das Verfahren vom Leichteren her angemessener wird.

Kapitel 2

Im Falle der zusammengesetzten Substanzen nun sind Form und Materie bekannt, wie im Falle des Menschen Seele und Körper. Man kann aber nicht sagen, daß bloß eines dieser beiden Wesen sein soll. Daß nämlich die Materie eines Dinges allein nicht das Wesen ist, ist klar, weil ein Ding aufgrund seines Wesens sowohl erkennbar ist als auch in eine Art oder Gattung eingeordnet wird. Aber die Materie ist weder Prinzip (Grund) der Erkenntnis noch wird nach ihr etwas in eine Gattung oder Art verwiesen, sondern nach dem, was etwas aktuell ist. Aber auch nicht bloß die Form kann Wesen einer zusammengesetzten Substanz genannt werden, obwohl einige dies zu behaupten versuchen. Aus dem nämlich, was gesagt worden ist, ist offenbar, daß das Wesen das ist, was durch die Definition eines Dinges bezeichnet wird. Die Definition der physischen Substanzen aber enthält nicht nur die Form, sondern auch die Materie; sonst würden sich nämlich die physischen Definitionen und die mathematischen nicht unterscheiden. Man kann aber nicht sagen, daß die Materie in der Definition einer physischen Substanz angeführt wird so wie ein Zusatz zum Wesen dieser Substanz oder ein Seiendes außerhalb des Wesens dieser Substanz, weil diese Art und Weise der Definitionen den Eigenschaften eigentümlich ist, die kein vollständiges Wesen haben; daher müssen die Eigenschaften in ihre Definition einen Träger aufnehmen, der außerhalb ihrer Gattung steht. Also ist offenbar, daß das Wesen sowohl Materie als auch Form umfaßt.

Man kann aber nicht sagen, daß das Wesen ein Verhältnis, das zwischen Materie und Form besteht, oder etwas zu ihnen noch Hinzugefügtes bezeichnet, weil dies (beides) notwendigerweise eine Eigenschaft undetwas Äußerliches eines Dinges wäre und aufgrund dieses Wesens ein Ding nicht erkannt würde: was alles zum Wesen hinzukommt. Durch die Form nämlich, die die Aktualität der Materie ist, wird die Materie zu einem aktuell Seienden und zu diesem Etwas gemacht. Daher verleiht jenes, was noch hinzukommt, der Materie nicht das schlechthin aktuelle Sein, sondern ein so und so beschaffenes aktuelles Sein, so wie es auch die Eigenschaften tun, wie die Weiße aktuell weiß macht. Daher auch heißt es, wenn eine solche Form dazuerworben wird, nicht Werden schlechthin, sondern Werden in gewisser Hinsicht.

Es bleibt also übrig, daß das Wort »Wesen« im Falle der zusammengesetzten Substanzen das, was aus Materie und Form zusammengesetzt ist, bezeichnet. Und damit stimmt die Bemerkung des Boëthius im Kommentar zu den »Kategorien« überein, wo er sagt, daß Usia (Substanz) das Zusammengesetzte bezeichnet. Usia ist nämlich bei den Griechen dasselbe, was bei uns Wesen ist, wie Boëthius selbst in der Schrift »Die zwei Naturen« sagt. Auch Avicenna sagt, daß die Washeit der zusammengesetzten Substanzen eben die Zusammensetzung von Form und Materie ist. Auch der Kommentator sagt zum 7. Buch der »Metaphysik«: »Die Natur, die die Arten im Falle der entstehbaren Dinge haben, ist ein Mittleres, das heißt, ein aus Materie und Form Zusammengesetztes. Damit stimmt auch die Auffassung überein, daß das Sein der zusammengesetzten Substanz nicht nur zu der Form und auch nicht nur zu der Materie, sondern eben zu dem Zusammengesetzten gehört; Wesen ist aber das, gemäß dem von einem Ding gesagt wird, daß es ist: daher darf das Wesen, aufgrund dessen ein Ding ein Seiendes genannt wird, nicht nur die Form und auch nicht nur die Materiesein, sondern das Wesen muß beides sein, obwohl die Form allein auf ihre Weise Ursache eines derartigen Seins ist. So sehen wir nämlich bei anderem, das sich aus mehreren Prinzipien (Bestandteilen) zusammensetzt, daß das Ding nicht nur nach einem jener beiden Prinzipien benannt wird, sondern nach dem, was beide Prinzipien umfaßt, wie im Falle der Geschmäcke offenbar ist, daß durch die Tätigkeit des Warmen, das das Feuchte auflöst, die Süße verursacht wird und, obwohl die Wärme auf diese Weise Ursache der Süße ist, dennoch nicht ein Körper aufgrund der Wärme süß genannt wird, sondern aufgrund des Geschmacks, der das Warme und das Feuchte umfaßt.«

Aber weil die Materie das Prinzip (Ursache) der Individuation ist, könnte es vielleicht so aussehen, als folge daraus, daß das Wesen, das ebensosehr die Materie als die Form in sich begreift, nur ein besonderes und nicht ein allgemeines ist. Daraus würde folgen, daß das Allgemeine keine Definition hätte, wenn das Wesen das ist, was durch die Definition bezeichnet wird. Und daher muß man wissen, daß nicht auf jede beliebige Weise verstandene Materie das Prinzip der Individuation ist, sondern nur die bezeichnete Materie. Und ich nenne die Materie eine bezeichnete, die unter bestimmten Dimensionen betrachtet wird. Diese Materie wird aber in der Definition, die zum Menschen gehört, insoweit er Mensch ist, nicht angeführt, jedoch würde sie in der Definition des Sokrates angeführt, wenn Sokrates eine Definition hätte. In der Definition des Menschen wird aber die nicht bezeichnete Materie angeführt: in der Definition des Menschen wird nämlich nicht dieser Knochen und dieses Fleisch angeführt, sondern Knochen und Fleisch im allgemeinen, die die nicht bezeichnete Materie des Menschen sind.

So also ist offenbar, daß das Wesen des Menschen und das Wesen des Sokrates sich nicht unterscheiden außer nach bezeichnet und nicht bezeichnet. Daher sagt der Kommentator zum 7. Buch der »Metaphysik«: »Sokrates ist nichts anderes als Sinnenwesen-und Vernunfthaftigkeit, die seine Washeit sind.« So unterscheiden sich auch das Wesen der Gattung und das Wesen der Art nach bezeichnet und nicht bezeichnet, obwohl in beiden Fällen eine andere Art der Bezeichnung vorliegt: denn die Bezeichnung des Individuums gegenüber der Art geschieht durch die Materie, die durch Dimensionen bestimmt ist, die Bezeichnung der Art aber gegenüber der Gattung durch den konstitutiven Unterschied, der von der Form des Dinges hergenommen wird.

Die Bestimmung oder Bezeichnung aber, die im Falle der Art gegenüber der Gattung vorliegt, geschieht nicht durch etwas im Wesen der Art Existierendes, das in keiner Weise im Wesen der Gattung ist. Im Gegenteil, was auch immer in der Art ist, ist auch in der Gattung, als nicht Bestimmtes. Wenn nämlich Sinnenwesen nicht das Ganze wäre, was der Mensch ist, sondern ein Teil von ihm, würde es nicht von ihm ausgesagt, da kein integrierender Teil von seinem Ganzen ausgesagt wird.

Wie dies aber kommt, wird man sehen können, wenn man untersucht, wie Körper, insofern er als Teil des Sinnenwesens aufgefaßt wird, und Körper, insofern er als Gattung aufgefaßt wird, sich unterscheiden. Er kann nämlich nicht auf die Art und Weise eine Gattung sein, auf die er ein integrierender Teil ist. Das Wort »Körper« kann nun auf verschiedenartige Weise verstanden werden. Körper nämlich, insofern er unter die Gattung der Substanz fällt, wird etwas genannt aufgrund der Tatsache, daß es eine solche Natur hat, daß in ihm drei Dimensionenbezeichnet werden können; eben nämlich drei bezeichnete Dimensionen sind Körper, der unter die Kategorie der Quantität fällt. Es kommt aber unter den Dingen vor, daß etwas, das eine Vollendung hat, auch zu einer weiteren Vollendung gelangt, so wie es offenbar im Falle des Menschen ist, der eine mit (fünf) Sinnen ausgestattete Natur hat und ferner eine vernunfthafte. Ähnlich kann sogar auch außer der Vollendung, die eine solche Form hat, daß in ihr drei Dimensionen bezeichnet werden können, eine andere Vollendung hinzugefügt werden, wie Leben oder etwas dergleichen. Es kann also das Wort »Körper« eine Sache, die eine solche Form hat, aus der die Bezeichenbarkeit dreier Dimensionen in ihr folgt, unter Ausschluß bezeichnen, so daß nämlich aus jener Form keine weitere Vollendung folgt, sondern, wenn etwas anderes noch hinzugefügt wird, dies außerhalb der Bedeutung des so bezeichneten Körpers liegt. Und auf diese Art und Weise wird Körper ein integrierender und materialer Teil des Sin nenwesens sein: denn so wird die Seele außerhalb dessen sein, was mit dem Wort »Körper« bezeichnet worden ist, und etwas eben zu Körper Hinzukommendes sein, dergestalt, daß eben aus beiden, nämlich aus Seele und Körper, so wie aus Teilen das Sinnenwesen zusammengesetzt werden wird. Es kann auch das Wort »Körper« in dieser Weise verstanden werden, daß es eine Sache bezeichnet, die eine solche Form hat, aufgrund deren drei Dimensionen in jener bezeichnet werden können, was für eine Form jene auch sein mag, sei es, daß aus ihr eine weitere Vollendung hervorgehen kann, oder nicht. Und auf diese Art und Weise wird Körper Gattung von Sinnenwesen sein, weil in Sinnenwesen nichts anzunehmen ist, was nicht implizite in Körper enthalten ist. Seele ist nämlich nicht eine andere Formals jene, durch die in jenem Ding drei Dimensionen bezeichnet werden konnten. Und daher wurde, wenn es hieß, »Körper ist, was eine solche Form hat, aufgrund deren drei Dimensionen in ihm bezeichnet werden können«, verstanden, was für eine Form es auch sein mochte, sei es Seele oder Steinhaftigkeit oder was für eine andere Form auch immer.

Und so ist die Form des Sinnenwesens implizite in der Form des Körpers enthalten, insoweit Körper Gattung von Sinnenwesen ist.

Und so beschaffen ist auch das Verhältnis von Sinnenwesen zu Mensch. Wenn man nämlich unter Ausschluß einer anderen Vollendung Sinnenwesen nur ein Ding nennen würde, das eine solche Vollendung hat, daß es aufgrund eines in ihm, existierenden Prinzips (Kraft) sinnlich wahrnehmen und sich bewegen kann, dann würde, was für eine andere Vollendung als weitere auch hinzukäme, diese sich zu Sinnenwesen nach Art eines Teilstücks verhalten und nicht so wie eine implizite im Begriff des Sinnenwesens enthaltene Vollendung, und auf diese Weise wäre Sinnenwesen nicht Gattung. Aber es ist Gattung, insofern es ein Ding bezeichnet, aus dessen Form Sinneswahrnehmung und Bewegung hervorgehen kann, was für eine Form jene auch sein mag, sei es, daß es nur die mit (fünf) Sinnen ausgestattete Seele ist, oder die mit (fünf) Sinnen ausgestattete und vernunfthafte zugleich.

So also bezeichnet die Gattung auf unbestimmte Art und Weise das Ganze, was in der Art ist, sie bezeichnet nämlich nicht nur die Materie. Ähnlich bezeichnet sogar auch der Unterschied das Ganze und er bezeichnet nicht nur die Form, und auch die Definition bezeichnet das Ganze, oder auch die Art. Aber jedoch auf verschiedene Art und Weise: denn die Gattung bezeichnet das Ganze wie eine Benennung,die das bestimmt, was das Materiale in einem Ding ist ohne Bestimmung der eigentümlichen Form. Daher wird die Gattung von der Materie hergenommen – ob wohl sie nicht Materie ist –, wie offenbar ist, daß Körper nach dem genannt wird, was eine solche Vollendung hat, daß in ihm drei Dimensionen bezeichnet werden können, welche Vollendung gewiß sich wie Materie zu einer weiteren Vollendung verhält. Dagegen aber ist der Unterschied so wie eine von einer bestimmten Form hergenommene Benennung, abgesehen von dem, was seiner ersten Bedeutung nach die bestimmte Materie ist, wie offenbar ist, wenn man »beseelt« sagt, nämlich das, was Seele hat. Es wird nämlich nicht bestimmt, was es ist, ob Körper oder etwas anderes. Daher sagt Avicenna, daß die Gattung im Falle des Unterschieds nicht so wie ein Teil dessen Wesens verstanden wird, sondern nur so wie ein Seiendes außerhalb des Wesens, so wie es auch der Träger hinsichtlich der Bedeutung der Eigenschaften ist. Und daher wird auch die Gattung vom Unterschied nicht ausgesagt durch eine eigentliche Aussage, wie der Philosoph im 3. Buch der »Metaphysik« und im 4. Buch der »Topik« sagt, außer vielleicht so wie der Träger von der Eigenschaft ausgesagt wird. Aber die Definition oder die Art umfassen beides, nämlich die bestimmte Materie, die das Wort »Gattung« bezeichnet, und die bestimmte Form, die das Wort »Unterschied« bezeichnet.

Und daraus ist der Grund offenbar, weshalb Gattung, Art und Unterschied der Materie, der Form und dem Zusammengesetzten in der Natur entsprechen, obwohl sie nicht dasselbe sind wie diese: denn weder ist die Gattung Materie, sondern von der Materie hergenommen wie etwas, was das Ganze bezeichnet, noch der Unterschied Form, sondern von der Form hergenommen wie etwas, was das Ganze bezeichnet. Daher sagen wir, der Mensch ist ein vernunfthaftes Sinnenwesen, und nicht, er ist aus Sinnenwesen und Vernunfthaftem, so wie wir sagen, er ist aus Seele und Körper. Aus Seele und Körper nämlich soll der Mensch sein, so wie ein aus zwei Dingen zusammengesetztes drittes Ding, das keines von jenen beiden ist. Der Mensen ist nämlich weder Seele noch Körper. Aber wenn etwa der Mensch auf irgendeine Art und Weise aus Sinnenwesen und Vernunfthaftem sein soll, wird er nicht sein so wie ein drittes Ding aus zwei Dingen, sondern so wie eine dritte Bedeutung aus zwei Bedeutungen. Die Bedeutung »Sinnenwesen« ist nämlich ohne Bestimmung der Form der Art, sie drückt die Natur des Dinges aus von dem her, was das Materiale gegenüber der letzten Vollendung ist. Die Bedeutung des Unterschieds »vernunfthaft« aber besteht in der Bestimmung der Form der Art. Aus diesen beiden Bedeutungen wird die Bedeutung der Art oder der Definition zusammengesetzt. Und daher, so wie ein aus irgendwelchen Dingen zusammengesetztes Ding nicht die Aussage der Dinge aufnimmt, aus denen jenes zusammengesetzt wird, so nimmt auch nicht eine Bedeutung die Aussage der Bedeutungen auf, aus denen sie zusammengesetzt wird. Wir sagen nämlich nicht, daß die Definition Gattung oder Unterschied ist.

Obwohl die Gattung aber das ganze Wesen der Art bezeichnet, muß dennoch nicht zu den verschiedenen Arten, zu denen dieselbe Gattung gehört, ein und dasselbe Wesen gehören, weil die Einheit der Gattung eben aus der Unbestimmtheit oder Nichtunterschiedenheit hervorgeht, aber nicht so, daß jenes, was durch die Gattung bezeichnet wird, der Zahl nach nur eine Natur in den verschiedenen Arten ist, zu der ein anderes Ding hinzukommt, das der Unterschied ist, welcher die Gattung bestimmt, so wie die Form die Materie, die der Zahl nach nur eine ist, bestimmt, sondern weil die Gattung eine Form bezeichnet – jedoch nicht auf bestimmte Art und Weise diese oder jene –, die auf bestimmte Art und Weise der Unterschied ausdrückt und die keine andere Form ist als jene, die auf unbestimmte Art und Weise durch die Gattung bezeichnet wurde. Und daher sagt der Kommentator zum 11. Buch der »Metaphysik«, daß die erste Materie eine genannt wird aufgrund der Beseitigung aller Formen, aber die Gattung eine genannt wird aufgrund der Gemeinsamkeit der bestimmten Form. Daher ist offenbar, daß, wenn durch Hinzufügung des Unterschieds jene Unbestimmtheit, die der Grund der Einheit der Gattung war, beseitigt worden ist, die aufgrund des Wesens verschiedenen Arten zurückbleiben. Und weil, wie gesagt, die Natur der Art unbestimmt ist gegenüber dem Individuum, so wie die Natur der Gattung gegenüber der Art, daher kommt es, daß, so wie das, was Gattung ist, insoweit es von der Art ausgesagt wurde, in seiner Bedeutung, obwohl auf unbestimmte Art und Weise, das Ganze, was auf bestimmte Art und Weise in der Art ist, einschloß, so sogar auch das, was Art ist, insofern es von dem Individuum ausgesagt wird, das Ganze, was wesentlich in dem Individuum ist, bezeichnen muß, wenn auch auf unbestimmte Art und Weise. Und auf diese Art und Weise wird das Wesen der Art durch das Wort »Mensch« bezeichnet, weshalb Mensch von Sokrates ausgesagt wird. Wenn aber die Natur der Art unter Ausschluß der bezeichneten Materie, die das Prinzip (Ursache) der Individuation ist, bezeichnet wird, so wird sie sich nach Art eines Teils verhalten. Und auf diese Art und Weise wird die Natur der Art durch das Wort »Menschhaftigkeit« bezeichnet; Menschhaftigkeit bezeichnet nämlich das, weshalb der Mensch Mensch ist. Die bezeichnete Materie aber ist nicht das, weshalb der Mensch Mensch ist; und daher ist die bezeichnete Materie in keiner Weise unter jenem enthalten, woher der Mensch hat, daß er Mensch ist. Da also Menschhaftigkeit in ihre Bedeutung nur das einschließt, woher der Mensch hat, daß er Mensch ist, ist offenbar, daß die bezeichnete Materie von der Bedeutung »Menschhaftigkeit« ausgeschlossen oder ausgenommen ist. Und weil der Teil nicht vom Ganzen ausgesagt wird, daher kommt es, daß Menschhaftigkeit weder von Mensch noch von Sokrates ausgesagt wird. Daher sagt Avicenna, daß die Washeit des Zusammengesetzten nicht das Zusammengesetzte selbst ist, dessen Washeit sie ist, obwohl auch die Washeit selbst zusammengesetzt ist, so wie Menschhaftigkeit, wenn sie auch zusammengesetzt ist, nicht Mensch ist, im Gegenteil, sie muß in etwas, was bezeichnete Materie ist, aufgenommen sein.

Aber weil, wie gesagt, die Bezeichnung der Art gegenüber der Gattung durch die Form, die Bezeichnung des Individuums aber gegenüber der Art durch die Materie geschieht, daher muß das Wort, das unter Ausschluß der bestimmten Form, die die Art verwirklicht, das bezeichnet, woher die Natur der Gattung genommen wird, den materialen Teil des Ganzen bezeichnen, so wie Körper der materiale Teil des Menschen ist. Das Wort aber, das unter Ausschluß der bezeichneten Materie das bezeichnet, woher die Natur der Art genommen wird, bezeichnet den formalen Teil. Und daher wird Menschhaftigkeit als Form bezeichnet, und man sagt, daß sie die Form des Ganzen ist, gewiß nicht gleichsam zu den wesentlichen Teilen, nämlich Form und Materie, noch hinzugefügt, so wie die Form des Hauses zu dessen integrierenden Teilen noch hinzugefügt wird, vielmehr ist sie eine Form, die das Ganze ist, nämlich Form und Materie umfassend, jedoch unter Ausschluß dessen, durch das die Materie dazu geschaffen ist, bezeichnet zu werden.

So ist folglich offenbar, daß das Wort »Mensch« und das Wort »Menschhaftigkeit« das Wesen des Menschen bezeichnen, aber auf verschiedene Art und Weise, wie gesagt worden ist: denn das Wort »Mensch« bezeichnet es als Ganzes, insoweit jenes nämlich nicht die Bezeichnung der Materie ausnimmt, sondern sie implizite enthält und auf unbestimmte Art und Weise, so wie gesagt worden ist, daß die Gattung den Unterschied enthält. Und daher wird das Wort »Mensch«

von den Individuen ausgesagt. Aber das Wort »Menschhaftigkeit« bezeichnet das Wesen des Menschen als Teil, weil jenes in seiner Bedeutung nur das enthält, was zum Menschen gehört, insoweit er Mensch ist, und jede Bezeichnung ausnimmt. Daher wird das Wort, »Menschhaftigkeit« von den Individuen des Menschen nicht ausgesagt. Und deswegen findet man das Wort »Wesen« manchmal von einem Ding ausgesagt, wir sagen nämlich, Sokrates ist ein Wesen, und manchmal versagt man (einem Ding das Wort »Wesen«), so wie wir sagen, daß das Wesen des Sokrates nicht Sokrates ist.

Kapitel 3

Nachdem nun erkannt worden ist, was mit dem Wort »Wesen« im Falle der zusammengesetzten Substanzen bezeichnet wird, muß man erkennen, wie Wesen sich zu dem Begriff der Gattung, der Art und des Unterschieds verhält. Weil aber das, dem der Begriff der Gattung oder der Art oder des Unterschieds zukommt, von dem bezeichneten Einzelnen ausgesagt wird, ist es unmöglich, daß der Begriff des Allgemeinen, nämlich der Gattung oder der Art, dem Wesen zukommt, insofern es nach Art eines Teils bezeichnet wird, wie durch das Wort »Menschhaftigkeit« oder »Sinnenwesenhaftigkeit«. Und daher sagt Avicenna, daß die Vernunfthaftigkeit nicht der Unterschied, sondern das Prinzip (Ursache) des Unterschieds ist; und aus demselben Grund ist Menschhaftigkeit keine Art und Sinnenwesenhaftigkeit keine Gattung. Ebenso kann man auch nicht sagen, daß der Begriff der Gattung oder der Art dem Wesen zukommt, insofern es ein außerhalb des Einzelnen existierendes Ding ist, wie die Platoniker behaupteten, weil so die Gattung und die Art von dem Individuum nicht ausgesagt würden; man kann nämlich nicht sagen, daß Sokrates das ist, was von ihm getrennt ist, und jenes Abgesonderte würde außerdem zur Erkenntnis des Einzelnen nicht beitragen. Und daher bleibt übrig, daß der Begriff der Gattung oder der Art dem Wesen zukommt, insofern es nach Art eines Ganzen bezeichnet wird, wie durch das Wort »Mensch« oder »Sinnenwesen«, insoweit das Wesen implizite und auf unbestimmte Art und Weise das Ganze, was im Individuum ist, enthält.

Natur oder Wesen aber, so verstanden, kann auf zweifache Weise betrachtet werden. Auf eine Weise dem eigentlichen Begriff nach, und dies ist die absolute Betrachtung der Natur. Und auf diese Weise ist von der Natur nur das wahr, was ihr als solcher zukommt. Daher wird alles, was sonst ihr zugewiesen werden mag, eine falsche Zuweisung sein. Zum Beispiel kommt dem Menschen, insofern er Mensch ist, das Vernunfthafte und Sinnenwesen und anderes zu, was zu seiner Definition gehört. Weiß aber oder schwarz oder was auch immer dergleichen, das nicht zu dem Begriff »Menschhaftigkeit« gehört, kommt demMenschen, insofern er Mensch ist, nicht zu. Daher, wenn man etwa fragt, ob die Natur, so betrachtet, nur eine oder mehr (als eine) genannt werden kann, so ist keines von beidem zuzugeben, weil beides außerhalb der Bedeutung »Menschhaftigkeit« steht und beides dieser zuteil werden kann. Wenn nämlich Mehrheit zu der Bedeutung »Menschhaftigkeit« gehören würde, so könnte die Natur niemals nur eine sein, obwohl sie doch nur eine ist, insofern sie in Sokrates ist. Ebenso, wenn Einheit zu dem Begriff »Menschhaftigkeit« gehören würde, dann würde zu Sokrates und Platon ein und dieselbe Natur gehören und diese könnte nicht in mehrerem vervielfältigt werden. Auf eine andere Weise wird die Natur betrachtet nach dem Sein, das sie in diesem oder in jenem hat. Und so (betrachtet) wird von ihr etwas akzidentellerweise (nebenbei) ausgesagt auf Grund desjenigen, in dem sie ist, so wie man sagt, daß der Mensch weiß ist, weil Sokrates weiß ist, obwohl dies dem Menschen nicht zukommt, insofern er Mensch ist.

Diese Natur aber hat ein zweifaches Sein: eines in den Einzeldingen und ein anderes in der Seele, und gemäß jedem der beiden Sein begleiten die genannte Natur Eigenschäften. In den Einzeldingen hat sie überdies ein vielfaches Sein gemäß der Verschiedenheit des Einzelnen. Und dennoch ist der Natur selbst gemäß ihrer ersten, nämlich absoluten Betrachtung keines dieser Sein verschrieben. Es ist nämlich falsch zu sagen, daß das Wesen des Menschen als solchen Sein in diesem Einzelnen hat, weil, wenn dem Menschen, insoweit er Mensch ist, zukäme, in diesem Einzelnen zu sein, er niemals außerhalb dieses Einzelnen wäre. Ebenso auch, wenn dem Menschen, insoweit er Mensch ist, zukäme, nicht in diesem Einzelnen zu sein, wäre er niemals darin. Aber es ist richtig zu sagen, daß dem Menschen, nicht insoweit erMensch ist, eigen ist, in diesem oder in jenem Einzelnen oder in der Seele zu sein. Also ist offenbar, daß die Natur des Menschen, absolut betrachtet, von jedem beliebigen Sein absieht, jedoch so, daß kein Ausschluß irgendeines dieser Sein geschieht. Und die Natur, so betrachtet, ist die, die von allen Individuen ausgesagt wird.

Man kann jedoch nicht sagen, daß der Begriff des Allgemeinen der so aufgefaßten Natur zukommt, weil zu dem Begriff des Allgemeinen Einheit und Gemeinsamkeit gehören. Der menschlichen Natur aber kommt gemäß ihrer absoluten Betrachtung keines dieser beiden zu. Wenn nämlich Gemeinsamkeit zu der Bedeutung des Menschen gehören würde, dann würde Gemeinsamkeit vorgefunden, worin auch immer Menschhaftigkeit vorgefunden würde. Und das ist falsch, weil in Sokrates keine Gemeinsamkeit vorgefunden wird, sondern alles, was in ihm ist, ist individuiert. Ebenso kann man auch nicht sagen, daß der Begriff der Gattung oder der Art der menschlichen Natur zukommt gemäß dem Sein, das sie in den Individuen hat, weil in den Individuen die menschliche Natur nicht gemäß Einheit vorgefunden wird, so daß sie ein allen Individuen zukommendes Eines ist, was der Begriff des Allgemeinen verlangt. Es bleibt also übrig, daß der Begriff der Art der menschlichen Natur zukommt gemäß jenem Sein, das sie in der Vernunft hat.

In der Vernunft nämlich hat eben die menschliche Natur ein von allem Individuierenden losgelöstes Sein. Und daher hat sie eine einförmige Beziehung auf alle Individuen, die außerhalb der Seele sind, insoweit die menschliche Natur in gleichem Maße eine Ähnlichkeit aller Individuen ist und zur Erkenntnis aller Individuen, insoweit sie Menschen sind, führt. Und aufgrund der Tatsache, daß die menschliche Natur ein solches Verhältnis zu allen Individuen hat, findet die Vernunft den Begriff der Art und teilt diesen der menschlichen Natur zu. Daher sagt der Kommentator zum Anfang von »Die Seele«, daß »es die Vernunft ist, die in den Dingen die Allgemeinheit zustande bringt«; dies sagt auch Avicenna in seiner »Metaphysik«. Und obwohl dieser mit der Vernunft erkannten Natur der Begriff des Allgemeinen eigen ist, insofern sie sich auf die Dinge außerhalb der Seele bezieht, weil sie ein und dieselbe Ähnlichkeit aller ist, ist sie dennoch, insofern sie Sein in dieser oder in jener Vernunft hat, eine mit der Vernunft erkannte besondere Form. Und daher ist der Fehler des Kommentators zum 3. Buch von »Die Seele« offenbar, der aus der Allgemeinheit der mit der Vernunft erkannten Form die Einheit der Vernunft in allen Menschen folgern wollte. Denn die Allgemeinheit gehört zu jener Form nicht gemäß dem Sein, das die Form in der Vernunft hat, sondern insofern die Form sich auf die Dinge wie eine Ähnlichkeit der Dinge bezieht, so wie auch, wenn es eine einzelne körperliche Statue gäbe, die viele Menschen repräsentierte, feststeht, daß jenes Bild oder jene Gestalt der Statue ein einzelnes und eigenes Sein hätte, insofern es (sie) in dieser Materie wäre, aber den Begriff der Gemeinsamkeit hätte, insofern es (sie) der gemeinsame Repräsentant mehrerer wäre. Und weil der menschlichen Natur gemäß ihrer absoluten Betrachtung zukommt, von Sokrates ausgesagt zu werden, und ihr der Begriff der Art nicht zukommt gemäß ihrer absoluten Betrachtung, sondern der Begriff der Art zu den Eigenschaften gehört, die die menschliche Natur begleiten gemäß dem Sein, das sie in der Vernunft hat, daher wird das Wort »Art« nicht von Sokrates ausgesagt, so daß man sagt, Sokrates ist eine Art. Das würde notwendigerweisegeschehen, wenn der Begriff der Art dem Menschen zukäme gemäß dem Sein, das der Mensch in Sokrates hat, oder gemäß der absoluten Betrachtung des Menschen, nämlich insoweit er Mensch ist; alles nämlich, was dem Menschen, insoweit er Mensch ist, zukommt, wird von Sokrates ausgesagt.

Und dennoch kommt der Gattung als solcher zu, ausgesagt zu werden, da es in ihrer Definition angeführt wird. Die Aussage nämlich ist etwas, das durch die Tätigkeit der Vernunft, die verbindet und trennt, zustande gebracht wird und das als Grundlage im Ding selbst die Einheit derer hat, von denen das eine von dem anderen ausgesagt wird. Daher kann der Begriff der Aussagbarkeit eingeschlossen werden in die Bedeutung des Begriffs, der die Gattung ist und der ebenso durch die Tätigkeit der Vernunft zustande gebracht wird. Trotzdem ist das, dem die Vernunft den Begriff der Aussagbarkeit zuteilt, indem sie jenes mit einem anderen verbindet, nicht der Begriff der Gattung selbst, sondern vielmehr das, dem die Vernunft den Begriff der Gattung zuteilt, so wie das, was durch das Wort »Sinnenwesen« bezeichnet wird.

So ist also offenbar, wie Wesen oder Natur sich zu dem Begriff der Art verhält. Denn der Begriff der Art gehört nicht zu dem, was dem Wesen gemäß seiner absoluten Betrachtung zukommt, noch gehört der Begriff der Art zu den Eigenschaften, die das Wesen begleiten gemäß dem Sein, das das Wesen außerhalb der Seele hat, wie Weiße oder Schwärze, sondern der Begriff der Art gehört zu den Eigenschaften, die das Wesen begleiten gemäß dem Sein, das das Wesen in der Vernunft hat. Und auf diese Weise kommt dem Wesen auch zu der Begriff der Gattung oder des Unterschieds.

Kapitel 4

Nun steht noch aus zu erkennen, wie es sich mit Wesen im Falle der getrennten (von Materie freien) Substanzen, nämlich im Falle der Seele, des Geistes und der ersten Ursache verhält. Obwohl nun aber alle die Einfachheit der ersten Ursache zugeben, streben jedoch einige, eine Zusammensetzung von Form und Materie in die Geister und in die Seele einzuführen. Der Urheber dieser Annahme scheint Avicebron gewesen zu sein, der Verfasser der Schrift »Quelle des Lebens«. Dies steht aber allgemein in Widerspruch zu den Aussagen der Philosophen, weil sie diese Substanzen von Materie getrennte nennen und beweisen, daß sie ohne jede Materie sind. Der hauptsächlichste Beweis hierfür leitet sich aus der Kraft des übersinnlichen Erkennens her, die in diesen Substanzen ist. Wir sehen nämlich, daß die Formen aktuell erkennbar sind, nur insofern sie von Materie und deren Beschaffenheiten getrennt werden, und sie werden aktuell erkennbar gemacht nur durch die Kraft der übersinnlich erkennenden Substanz, insofern sie in diese aufgenommen und insofern sie durch diese zustande gebracht werden. Daher muß im Falle jeder beliebigen übersinnlich erkennenden Substanz ganz und gar Freiheit von Materie herrschen, derart, daß sie weder Materie als einen Teil ihrer selbst hat, noch auch so wie eine in Materie eingeprägte Form ist, wie es bei den an Materie gebundenen Formen der Fall ist.

Es kann aber niemand sagen, daß nicht jede beliebige Materie, sondern nur die körperliche Materie der Erkennbarkeit im Wege steht. Wenn nämlich dies nur wegen der körperlichen Materie wäre, dann müßte, da Materie eine körperliche genannt wird, nur insofern sie unter einer an Körper gebundenen Form steht, die Materie dies, nämlich der Erkennbarkeit im Wege stehen, von der an Körper gebundenen Form haben. Und das kann nicht sein, weil eben auch die an Körper gebundene Form aktuell erkennbar ist so wie andere Formen, insofern sie von der Materie losgelöst wird. Daher liegt im Falle der Seele oder im Falle des Geistes in keiner Weise eine Zusammensetzung aus Materie und Form vor, so daß dann ein Wesen in ihnen angenommen werden könnte so wie in den körperlichen Substanzen. Aber es liegt dort Zusammensetzung von Form und Sein vor; daher heißt es in der Erklärung des 9. Satzes der Schrift »Die Ursachen«, daß Geist etwas ist, das Form und Sein hat. Und es wird dort Form verstanden eben wie Washeit oder einfache Natur.

Und wie sich dies verhält, ist klar zu erkennen. Was auch immer nämlich sich so zueinander verhält, daß das eine die Ursache des Seins des anderen ist, jenes, was die Ursache ist, kann Sein haben ohne das andere, aber nicht umgekehrt. Das Verhältnis von Materie und Form aber erweist sich als ein solches, daß die Form der Materie Sein verleiht, und daher ist es unmöglich, daß die Materie ohne eine Form ist; jedoch ist es nicht unmöglich, daß eine Form ohne Materie ist, Form nämlich, insofern sie Form ist, hat kein Abhängigkeitsverhältnis zur Materie. Aber wenn sich etwa manche Formen finden, die nur in Verbindung mit Materie sein können, so kommt ihnen dies zu, insofern sie vom ersten Prinzip (Ursache), das erste und reine Aktualität ist, entfernt sind. Daher sind jene Formen, die dem ersten Prinzip am nächsten sind, für sich allein ohne Materie bestehende Formen, es bedarf nämlich nicht die Form ihrer ganzen Gattung nach der Materie, wie gesagt worden ist; und derartige Formen sind die Geister, und daher dürfen die Wesen oder Washeiten dieser Substanzen nichts anderes als eben Form sein.

Darin also unterscheiden sich das Wesen der zusammengesetzten Substanz und das der einfachen Substanz, daß das Wesen der zusammengesetzten Substanz nicht nur Form ist, sondern Form und Materie umfaßt, das Wesen der einfachen Substanz aber nur Form ist. Und daraus entstehen zwei weitere Unterschiede. Der eine Unterschied ist, daß das Wesen einer zusammengesetzten Substanz als Ganzes oder als Teil bezeichnet werden kann, was wegen der Bezeichnung der Materie geschieht, wie gesagt worden ist. Und daher wird nicht auf jede beliebige Weise das Wesen eines zusammengesetzten Dinges von dem zusammengesetzten Ding selbst ausgesagt: man kann nämlich nicht sagen, daß ein Mensch seine Washeit ist. Aber das Wesen eines einfachen Dinges, das die Form des einfachen Dinges ist, kann nur als Ganzes bezeichnet werden, da es dort außer der Form nichts gibt, das gleichsam die Form aufnimmt; und daher wird, wie auch immer das Wesen einer einfachen Substanz verstanden werden mag, dieses von ihr ausgesagt. Daher sagt Avicenna, daß »die Washeit eines Einfachen das Einfache selbst ist«, weil es nichts anderes gibt, das die Washeit aufnimmt. Der zweite Unterschied ist, daß die Wesen der zusammengesetzten Dinge aufgrund der Tatsache, daß sie in die bezeichnete Materie aufgenommen werden, gemäß der Teilung dieser Materie vervielfältigt werden, weshalb es kommt, daß manches der Art nach dasselbe und der Zahl nach verschieden ist. Aber da das Wesen eines Einfachen nicht in die Materie aufgenommen ist, kann es dort keine solche Vervielfältigung geben; und daher finden sich zwangsläufig im Falle jener Substanzen nicht mehrere Individuen derselben Art, sondern, wie viele Individuen es dort gibt, so viele Arten gibt es dort, wie Avicenna ausdrücklich sagt.

Obwohl also derartige Substanzen nur Formen ohne Materie sind, herrscht im Falle dieser dennoch keine völlige Einfachheit, noch sind sie reine Aktualität, sondern sie sind mit Potentialität vermischt; und dies ist, wie folgt, offenbar. Was nämlich auch immer nicht zum Begriff des Wesens oder der Washeit gehört, das ist etwas, das von außen kommt und eine Zusammensetzung mit dem Wesen bildet, weil kein Wesen ohne das, was die Teile des Wesens sind, gedacht werden kann. Jedes Wesen oder jede Washeit aber kann gedacht werden, ohne daß man etwas über sein (ihr) Sein weiß: ich kann nämlich wissen, was ein Mensch oder ein Phönix ist, und dennoch nicht wissen, ob er Sein im Reich der Wirklichkeit hat. Also ist offenbar, daß das Sein etwas anderes ist als Wesen oder Washeit. Außer es gibt vielleicht ein Ding, dessen Washeit eben sein Sein ist, und dieses Ding kann es nur einmal und als Erstes geben: denn es ist unmöglich, daß eine Vervielfältigung von etwas geschieht, außer durch Hinzufügung eines Unterschieds, so wie die Natur der Gattung in Arten vervielfältigt wird; oder dadurch, daß die Form in verschiedene Materien aufgenommen wird, so wie die Natur der Art in verschiedenen Individuen vervielfältigt wird; oder dadurch, daß eines für sich ist und ein anderes in etwas aufgenommen, so wie, wenn es eine abgesonderte Wärme gäbe, diese etwas anderes als eine nicht abgesonderte Wärme wäre aufgrund eben ihrer Absonderung. Wenn man aber etwa ein Ding annimmt, das nur Sein ist, so daß eben das Sein ein für sich Bestehendes ist, so wird dieses Sein die Hinzufügung eines Unterschieds nicht aufnehmen, weil es dann nur Sein nicht wäre, sondern Sein und außer Sein eine Form; und viel weniger würde es die Hinzufügung von Materie aufnehmen, weil es dann kein für sich bestehendes Sein wäre, sondern Sein mitMaterie. Daher bleibt übrig, daß es ein solches Ding, das sein eigenes Sein ist, nur einmal geben kann; daher muß mit Ausnahme von diesem im Falle jedes beliebigen anderen Dinges etwas anderes sein Sein und etwas anderes seine Washeit oder Natur oder Form sein; daher muß es im Falle der Geister Sein außer der Form geben, und daher ist gesagt worden, daß der Geist Form und Sein ist.

Alles aber, was einem Ding zukommt, ist entweder aus den Prinzipien (Bestandteilen) seiner Natur entstanden, so wie lachensfähig im Falle des Menschen, oder es kommt von einem äußeren Prinzip (Ursache), so wie das Licht in der Luft durch die Einwirkung der Sonne. Es kann aber nicht sein, daß das Sein selbst von der Form oder Washeit eines Dinges selbst verursacht ist, ich meine so wie von einer Wirkursache, weil auf diese Weise ein Ding Ursache seiner selbst wäre und ein Ding sich selbst ins Sein führen würde: das ist unmöglich. Also muß jedes solche Ding, dessen Sein etwas anderes als seine Natur ist, das Sein von einem anderen haben. Und weil alles, was durch ein anderes ist, auf das zurückgeht, was durch sich ist, so wie auf eine erste Ursache, muß es ein Ding geben, das die Ursache des Seins für alle Dinge ist dadurch, daß es selbst nur Sein ist; sonst würde man im Falle der Ursachen ins Unendliche gehen, da jedes Ding, das nicht nur Sein ist, eine Ursache seines Seins hat, wie gesagt worden ist. Also ist offenbar, daß der Geist Form und Sein ist und daß er das Sein von einem ersten Seienden hat, das nur Sein ist, und dies ist die erste Ursache, die Gott ist.

Jedes aber, das etwas von einem anderen empfängt, ist in Potentialität hinsichtlich jenes (was es empfängt), und das, was in es aufgenommen ist, ist dessen Aktualität; also muß eben die Washeit oder dieForm, die der Geist ist, hinsichtlich des Seins, das sie von Gott empfängt, in Potentialität sein, und jenes empfangene Sein verhält sich wie Aktualität. Und so findet sich Potentialität und Aktualität im Falle der Geister, jedoch nicht Form und Materie, außer im Sinne der bloßen Gleichnamigkeit. Daher kommen auch erleiden (bestimmtwerden), aufnehmen (empfangen), Träger sein und alles dergleichen, von dem man sieht, daß es den Dingen aufgrund der Materie zukommt, im Sinne der bloßen Gleichnamigkeit den übersinnlich erkennenden Substanzen und den körperlichen Substanzen zu, wie der Kommentator zum 3. Buch von »Die Seele« sagt. Und weil, wie gesagt worden ist, die Washeit des Geistes der Geist selbst ist, daher ist seine Washeit oder sein Wesen eben das, was er selbst ist, und das von Gott empfangene Sein der Washeit oder des Wesens ist das, wodurch sie (es) im Reich der Wirklichkeit besteht; und deswegen sagen einige, daß derartige Substanzen zusammengesetzt werden aus dem, wodurch etwas ist, und dem, was ist, oder, wie Boëthius sagt, aus dem, was ist, und aus Sein.

Und weil man im Falle der Geister Potentialität und Aktualität annimmt, wird es nicht schwierig sein, eine Vielheit von Geistern zu finden, was unmöglich wäre, wenn es keine Potentialität im Falle der Geister gäbe. Daher sagt der Kommentator zum 3. Buch von »Die Seele«, daß, wenn die Natur der potentiellen Vernunft unbekannt wäre, wir keine Vielheit im Falle der getrennten (von Materie freien) Substanzen finden könnten. Es gibt also eine Verschiedenheit der Geister untereinander nach dem Grad der Potentialität und Aktualität, so, daß der höhere Geist, der dem Ersten (Gott) näher ist, mehr an Aktualität und weniger an Potentialität hat, und so hinsichtlich der übrigen.Und dies endet mit der menschlichen Seele, die die letzte Stufe unter den übersinnlich erkennenden Substanzen innehat. Daher verhält sich deren potentielle Vernunft zu den übersinnlich erkennbaren Formen so wie die erste Materie, die die letzte Stufe im sinnlich wahrnehmbaren Sein innehat, zu den sinnlich wahrnehmbaren Formen, wie der Kommentator zum 3. Buch von »Die Seele« sagt; und daher stellt der Philosoph die menschliche Seele einer Tafel gleich, auf der nichts geschrieben ist. Und wegen der Tatsache, daß sie unter den anderen übersinnlich erkennenden Substanzen mehr an Potentialität hat, daher wird (kommt) sie den materialen Dingen so nahe, daß ein materiales Ding zur Teilnahme an ihrem Sein veranlaßt wird, so nämlich, daß aus Seele und Körper ein Sein in einem Zusammengesetzten entsteht, obwohl jenes Sein, insoweit es das der Seele ist, nicht vom Körper abhängig ist. Und daher finden sich nach dieser Form, die die Seele ist, andere Formen, die mehr an Potentialität haben und der Materie näher (sind als sie), so sehr, daß deren Sein ohne Materie nicht ist; es zeigt sich, daß es bei diesen (Formen) eine Ordnung und Stufen bis zu den ersten Formen der Elemente gibt, die der Materie am nächsten sind; daher ist ihnen auch keine Tätigkeit eigen, außer gemäß der Erfordernis der aktiven und passiven und anderer Beschaffenheiten, durch die die Materie für die Form geeignet gemacht wird.

Kapitel 5

Nachdem nun dieses erkannt worden ist, ist offenbar, wie Wesen in verschiedenen Dingen vorgefunden wird. Es findet sich nämlich eine dreifache Art und Weise, Wesen zu haben im Falle der Substanzen. Es gibt nämlichetwas wie Gott, dessen Wesen sein Sein selbst ist; und daher finden sich einige Philosophen, die behaupten, Gott habe keine Washeit oder kein Wesen, weil sein Wesen nichts anderes sei als sein Sein. Und daraus folgt, daß Gott nicht unter eine Gattung fällt; denn alles, was unter eine Gattung fällt, muß Washeit außer seinem Sein haben, da sich die Washeit oder Natur der Gattung oder der Art gemäß der Beschaffenheit der Natur (der Gattung oder der Art) nicht sondert in den Dingen, zu denen die Gattung oder die Art gehört, sondern das Sein ist verschieden in den verschiedenen Dingen.

Aber wir dürfen, wenn wir sagen, daß Gott nur Sein ist, nicht in den Irrtum jener verfallen, die behauptet haben, Gott sei jenes allgemeine Sein, wodurch jedes beliebige Ding der Form nach sei. Dieses Sein nämlich, das Gott ist, ist von einer derartigen Beschaffenheit, daß zu ihm keine Hinzufügung gemacht werden kann, weshalb es durch eben seine Reinheit ein von jedem Sein unterschiedenes Sein ist; deswegen heißt es in der Erklärung des 9. Satzes der Schrift »Die Ursachen«, daß die Individuation der ersten Ursache, die nur Sein ist, durch deren reine Güte (Vorzüglichkeit) geschieht. Das gemeinsame Sein aber schließt zwar in seinen Begriff keine Hinzufügung ein, aber dennoch schließt es in seinen Begriff keinen Ausschluß einer Hinzufügung ein; denn, wenn dies der Fall wäre, könnte gar kein Sein gedacht werden, bei dem über das Sein hinaus etwas hinzugefügt würde.

Ebenso auch, obwohl Gott nur Sein ist, dürfen ihm die übrigen Vollendungen und Vorzüge nicht fehlen. Im Gegenteil, er hat alle Vollendungen, die in allen Gattungen sind, weswegen er das schlechthin Vollendete heißt, wie der Philosoph im und der Kommentator zum 5. Buch der »Metaphysik« sagen;aber er hat diese Vollendungen in einer hervorragenderen Weise als alle Dinge, weil sie in ihm eines sind, aber in den anderen Dingen Verschiedenheit haben. Und dies ist, weil alle jene Vollendungen ihm gemäß seinem einfachen Sein zukommen; so wie, wenn jemand durch eine einzige Eigenschaft die Tätigkeiten aller Eigenschaften hervorbringen könnte, er in jener einen Eigenschaft alle Eigenschaften hätte, so hat Gott in eben seinem Sein alle Vollendungen.

Auf eine zweite Art und Weise findet sich Wesen in den geschaffenen übersinnlich erkennenden Substanzen, bei denen das Sein etwas anderes als deren Wesen ist, obwohl (deren) Wesen ohne Materie ist. Daher ist deren Sein nicht absolut, sondern empfangen, und daher ist es eingeschränkt und begrenzt auf die Aufnahmefähigkeit der aufnehmenden Natur; aber deren Natur oder Washeit ist absolut, nicht aufgenommen in eine Materie. Und daher heißt es in der Schrift »Die Ursachen«, daß die Geister nach unten unbegrenzt und nach oben begrenzt sind; sie sind nämlich begrenzt, was ihr Sein angeht, das sie von einem Höheren empfangen, jedoch nach unten werden sie nicht begrenzt, weil deren Formen nicht auf die Aufnahmefähigkeit einer die Formen aufnehmenden Materie eingeschränkt werden. Und daher findet sich im Falle solcher Substanzen keine Vielheit von Individuen in ein und derselben Art, wie gesagt worden ist, außer im Falle der menschlichen Seele wegen des Körpers, mit dem sie vereinigt wird. Und wenn auch die Individuation der menschlichen Seele vom Körper wie von einer Gelegenheit abhängt, was den Anfang der Individuation angeht, weil die menschliche Seele das individuierte Sein nur in dem Körper erhält, dessen Aktualität sie ist, verschwindet dennoch nicht zwangsläufig nach Entfernung des Körpers die Individuation. Denn, da die menschliche Seele ein(vom Körper) unabhängiges Sein hat, wenn sie das individuierte Sein aufgrund der Tatsache, daß sie zur Form dieses Körpers gemacht worden ist, erhalten hat, bleibt jenes Sein immer individuiert. Und daher sagt Avicenna, daß die Individuation der Seelen und ihre Vervielfältigung vom Körper abhängt, was ihren Anfang angeht, jedoch nicht, was ihr Ende angeht.

Und weil im Falle jener Substanzen die Washeit nicht dasselbe ist wie das Sein, daher lassen sich jene unter eine Gattung ordnen; und deswegen findet sich im Falle dieser Substanzen Gattung und Art und Unterschied, obwohl deren wesentliche Unterschiede uns verborgen sind. Bei den sinnlich wahrnehmbaren Dingen sind nämlich ebenfalls die wesentlichen Unterschiede unbekannt; daher werden die sinnlich wahrnehmbaren Dinge durch nichtwesentliche Unterschiede bezeichnet, die aus den wesentlichen entspringen, so wie die Ursache durch ihre Wirkung bezeichnet wird. So wird zum Beispiel zweibeinig als Unterschied des Menschen angeführt. Die wesentlichen Eigenschaften der immaterialen Substanzen aber sind uns unbekannt, weshalb wir deren Unterschiede weder durch diese selbst noch durch die nichtwesentlichen Unterschiede bezeichnen können.

Jedoch muß man wissen, daß nicht auf dieselbe Art und Weise Gattung und Unterschied im Falle jener Substanzen und im Falle der sinnlich wahrnehmbaren Substanzen verstanden werden, weil im Falle der sinnlich wahrnehmbaren Substanzen die Gattung von dem hergenommen wird, was das Materiale in einem Ding ist, der Unterschied aber von dem, was das Formale in ihm ist; daher sagt Avicenna am Anfang seiner Schrift »Die Seele«, daß die Form im Falle der aus Materie und Form zusammengesetzten Dinge »ein einfacher Unterschied dessen ist, wasaus ihr besteht«: aber nicht so, daß die Form selbst der Unterschied ist, sondern so, daß sie das Prinzip (Ursache) des Unterschieds ist, wie derselbe Avicenna in seiner »Metaphysik« sagt. Und von einem solchen Unterschied sagt man, er sei ein einfacher Unterschied, weil er von dem hergenommen wird, was ein Teil der Washeit eines Dinges ist, nämlich von der Form. Da aber die immaterialen Substanzen einfache Washeiten sind, kann in ihrem Falle der Unterschied nicht von dem hergenommen werden, was ein Teil der Washeit ist, sondern (er wird) von der ganzen Washeit (hergenommen); und daher sagt Avicenna am Anfang von »Die Seele«, daß »einen einfachen Unterschied nur die Arten haben, deren Wesen aus Materie und Form zusammengesetzt sind«.

Ebenso wird auch im Falle der immaterialen Substanzen vom ganzen Wesen die Gattung hergenommen, jedoch auf verschiedene Art und Weise. Eine getrennte (von Materie freie) Substanz nämlich stimmt mit der anderen in der Immaterialität überein, und sie unterscheiden sich voneinander im Grad der Vollendung gemäß der Entfernung von der Potentialität und der Nähe zu der reinen Aktualität. Und daher wird in ihrem Falle die Gattung von dem hergenommen, was sie begleitet, insoweit sie immaterial sind, so wie die Geisthaftigkeit oder etwas dergleichen ist; von dem aber, was bei ihnen den Grad der Vollendung begleitet, wird in ihrem Falle der Unterschied hergenommen, jedoch uns ist er unbekannt. Aber diese Unterschiede dürfen keine unwesentlichen sein, weil sie (letztere) gemäß einer größeren und geringeren Vollendung sind, sie, die die Art nicht verschieden machen; der Grad der Vollendung im Aufnehmen derselben Form nämlich macht die Art nicht verschieden, so wie das Weißere und das weniger Weiße im Falle des Teilnehmens an der Weißedesselben Sinnes (die Art nicht verschieden machen): sondern der verschiedene Grad der Vollendung im Falle der Formen oder Naturen selbst, an denen eine Teilnahme stattgefunden hat, macht die Art verschieden, so wie die Natur gradweise von den Pflanzen zu den Tieren über einiges, was in der Mitte zwischen den Tieren und den Pflanzen steht, fortschreitet, nach dem Philosophen im 7. Buch von »Die Tiere«. Außerdem ist es aber nicht notwendig, daß die Einteilung der übersinnlich erkennenden Substanzen immer durch zwei wirkliche Unterschiede geschieht, weil es unmöglich ist, daß dies bei allen Dingen geschieht, wie der Philosoph im 11. Buch von »Die Tiere« sagt.

Auf eine dritte Art und Weise findet sich Wesen in den aus Materie und Form zusammengesetzten Substanzen, bei denen sowohl das Sein empfangen und begrenzt ist wegen der Tatsache, daß sie von einem anderen das Sein haben, als auch außerdem deren Natur oder Washeit in die bezeichnete Materie aufgenommen ist. Und daher sind die aus Materie und Form zusammengesetzten Substanzen sowohl nach oben als auch nach unten begrenzt; und in ihrem Falle ist ferner wegen der Teilung der bezeichneten Materie eine Vervielfältigung der Individuen hinsichtlich einer einzigen Art möglich. Und wie sich im Falle dieser Substanzen Wesen zu den logischen Begriffen verhält, ist oben gesagt worden.

Kapitel 6

Nun steht noch aus zu erkennen, wie es sich mit Wesen im Falle der Eigenschaften verhält; wie es sich nämlich mit Wesen im Falle aller Substanzen verhält, ist gesagt worden. Und weil, wie gesagt worden ist, Wesen das ist, was durch die Definition bezeichnet wird, müssen die Eigenschaften in dem Maße Wesen haben, wie sie Definition haben. Sie haben aber eine unvollständige Definition, weil sie nicht definiert werden können, außer wenn etwa ein Träger in ihrer Definition angeführt wird; und das kommt daher, weil sie kein Sein für sich allein, unabhängig von einem Träger haben, sondern, so wie sich aus Form und Materie ein substantiales Sein ergibt, wenn sie verbunden werden, so ergibt sich aus Eigenschaft und Träger ein nichtsubstantiales Sein (ein Sein der Eigenschaft), wenn zu einem Träger eine Eigenschaft kommt. Und daher hat auch weder die substantiale Form ein vollständiges Wesen noch die Materie, weil auch in der Definition der substantialen Form das angeführt werden muß, dessen Form sie ist, und deshalb geschieht die Definition der substantialen Form durch Hinzufügung von etwas, das außerhalb ihrer Gattung steht, so wie auch die Definition der nichtsubstantialen Form (der Form einer Eigenschaft); daher wird auch in der Definition der Seele von dem Naturphilosophen, der die Seele betrachtet nur, insoweit sie die Form eines natürlichen Körpers ist, der Körper angeführt.

Aber jedoch zwischen den substantialen und den nichtsubstantialen Formen besteht ein so großer Unterschied, daß (folgendes gilt): So wie eine substantiale Form kein Sein für sich allein, unabhängig von dem und ohne das, zu dem sie gelangt, hat, so auch nicht jenes, zu dem sie gelangt, nämlich Materie; und daher ergibt sich aus der Verbindung beider jenes Sein, in dem ein Ding für sich allein besteht, und aus beiden wird ein für sich allein (bestehendes) Eines. Deswegen ergibt sich aus der Verbindung beider ein Wesen. Daher ist die Form, obwohl sie, in sich betrachtet, nicht die vollständige Beschaffenheit des Wesens hat, dennoch ein Teil des vollständigen Wesens. Aber jenes, zu dem eine Eigenschaft kommt, ist ein in sich vollständiges, in seinem Sein bestehendes Seiendes, welches Sein unstreitig von Natur aus der Eigenschaft, die hinzukommt, vorausgeht. Und daher verursacht die hinzukommende Eigenschaft durch ihre Verbindung mit dem, zu dem sie kommt, nicht jenes Sein, in dem ein Ding besteht, durch das ein Ding ein für sich (bestehendes) Seiendes ist; jedoch verursacht sie gewissermaßen ein zweites Sein, ohne das ein für sich bestehendes Ding als seiendes gedacht werden kann, so wie ein Erstes ohne ein Zweites gedacht wer den kann. Daher wird aus Eigenschaft und Träger kein für sich (bestehendes) Eines, sondern ein nebenbei (bestehendes) Eines. Und daher entsteht aus der Verbindung beider kein Wesen, so wie aus der Verbindung einer Form mit Materie (ein Wesen entsteht); deswegen hat eine Eigenschaft weder die Beschaffenheit eines vollständigen Wesens noch ist sie Teil eines vollständigen Wesens, sondern, so wie sie ein Seiendes in gewisser Hinsicht ist, so hat sie auch ein Wesen in gewisser Hinsicht.

Aber weil das, was in erster Linie und mit größtem Recht als irgendeiner Gattung zugehörig bezeichnet wird, die Ursache dessen ist, was danach in jener Gattung entsteht, so wie das Feuer, das an der Spitze der Wärme steht, die Ursache der Wärme in den warmen Dingen ist, wie es im 2. Buch der »Metaphysik« heißt, daher muß die Substanz, die das Erste in der Gattung des Seienden ist, indem sie am wirklichsten und im höchsten Grade Wesen hat, die Ursache der Eigenschaften sein, die in zweiter Linie und gleichsam in gewisser Hinsicht an der Beschaffenheit des Seienden teilnehmen. Jenes geschieht jedoch auf verschiedene Art und Weise. Weil nämlich die Teile der Substanz Materie und Form sind, daher begleiten einige Eigenschaftenvornehmlich die Form und einige vornehmlich die Materie. Es findet sich aber manche Form, deren Sein nicht von der Materie abhängt, wie die übersinnlich erkennende Seele; die Materie aber hat Sein nur durch die Form. Daher gibt es unter den Eigenschaften, die die Form begleiten, einiges, das keine Gemeinschaft mit der Materie hat, so wie es das übersinnliche Erkennen gibt, das nicht durch ein körperliches Organ geschieht, wie der Philosoph im 3. Buch von »Die Seele« beweist. Es gibt aber unter den Eigenschaften, die die Form begleiten, einige, die Gemeinschaft mit der Materie haben, wie das sinnliche Wahrnehmen. Doch keine Eigenschaft begleitet ohne Gemeinschaft mit der Form die Materie.

Jedoch findet sich unter den Eigenschaften, die die Materie begleiten, eine Verschiedenheit. Einige Eigenschaften nämlich begleiten die Materie gemäß der Beziehung, die die Materie zur Form der Art hat, so wie im Falle der Sinnenwesen das Männliche und das Weibliche, deren Verschiedenheit auf die Materie zurückgeht, wie es im 10. Buch der »Metaphysik« heißt; daher bleiben nach Beseitigung der Form des Sinnenwesens die genannten Eigenschaften nicht, außer im Sinne der Gleichnamigkeit. Einige Eigenschaften aber begleiten die Materie gemäß der Beziehung, die die Materie zur Form der Gattung hat; und daher bleiben sie nach Beseitigung der Form der Art weiter in (an) der Materie, so wie die Schwärze der Haut am Neger von der Mischung der Elemente und nicht von der Beschaffenheit der Seele herkommt, und daher bleibt nach dem Tode die Schwärze der Haut an ihm.

Und weil ein jedes Ding aufgrund der Materie individuiert und aufgrund seiner Form unter eine Gattung oder eine Art gebracht wird, daher sind die Eigenschaften, die die Materie begleiten, Eigenschaften des Individuums, nach welchen sich auch die Individuen derselben Art untereinander unterscheiden; die Eigenschaften aber, die die Form begleiten, sind wesentliche Eigenschaften entweder der Gattung oder der Art, weshalb sie in allem vorgefunden werden, was an der Natur der Gattung oder der Art teilnimmt, so wie lachensfähig im Falle des Menschen die Form (des Menschen) begleitet, weil das Lachen aufgrund einer Wahrnehmung der Seele des Menschen geschieht.

Man muß auch wissen, daß Eigenschaften einmal aus den wesentlichen Prinzipien (Bestandteilen) entstehen als solche, die sich in vollendeter Aktualität befinden, so wie die Wärme im Falle des Feuers, das immer warm ist; ein andermal aber entstehen Eigenschaften (aus diesen Prinzipien) als solche, die (zu vollendeter Aktualität) nur geneigt sind, jedoch ihre Vollendung geschieht durch eine äußere Ursache, so wie im Falle der Luft die Durchsichtigkeit, die durch einen äußeren leuchtenden Körper vollendet wird; und in solchen Fällen ist die Eignung eine unabtrennbare Eigenschaft, jedoch die Vollendung, die von einem Prinzip (Ursache) kommt, das sich außerhalb des Wesens des Dinges befindet, oder die in die Beschaffenheit des Dinges nicht eingeht, ist abtrennbar, so wie das Bewegtwerden und dergleichen.

Man muß auch wissen, daß im Falle der Eigenschaften Gattung, Unterschied und Art auf eine andere Art und Weise verstanden werden als im Falle der Substanzen. Weil nämlich im Falle der Substanzen aus der substantialen Form und der Materie ein für sich allein (bestehendes) Eines wird, indem aus deren Verbindung eine einzige Natur entsteht, die im eigentlichen Sinne unter die Kategorie der Substanz gebracht wird, daher wird im Falle der Substanzen von den konkreten Namen, die das Zusammengesetzte bezeichnen, gesagt, daß sie im eigentlichen Sinne unter die Kategorie (der Substanz) fallen, als Arten oder Gattungen, wie Mensch oder Sinnenwesen. Es fällt aber nicht Form oder Materie auf diese Art und Weise unter die Kategorie (der Substanz), außer durch Zurückführung, so wie von Prinzipien (Bestandteilen) gesagt wird, daß sie unter eine Kategorie fallen. Aber aus einer Eigenschaft und ihrem Träger wird kein für sich allein (bestehendes) Eines; daher entsteht aus deren Verbindung keine Natur, der der Begriff der Gattung oder der Art zugeteilt werden könnte. Daher werden die Eigenschaftsbezeichnungen, im konkreten Sinne ausgesagt, wie das Weiße oder das Musikalische, nicht als Arten oder Gattungen unter eine Kategorie gestellt, außer durch Zurückführung, sondern (jene Eigenschaftsbezeichnungen werden als Arten oder Gattungen unter eine Kategorie gestellt) nur, insofern sie abstrakte Bedeutungen haben, wie Weiße und Musikalität. Und weil die Eigenschaften nicht aus Materie und Form zusammengesetzt werden, daher kann nicht in ihrem Falle die Gattung von der Materie und der Unterschied von der Form hergenommen werden, so wie im Falle der zusammengesetzten Substanzen; vielmehr muß ihre höchste Gattung von der Seinsweise selbst hergenommen werden, insofern Seiendes auf verschiedene Art und Weise im Sinne des Früheren und des Späteren von den zehn kategorialen Gattungen ausgesagt wird, so wie man von Quantität spricht aufgrund der Tatsache, daß sie das Maß der Substanz ist, und von Qualität, insofern sie die Einrichtung der Substanz ist, und so hinsichtlich des übrigen, nach dem Philosophen im 9. Buch der »Metaphysik«.

Die Unterschiede aber werden im Falle der Eigenschaften von der Verschiedenheit der Prinzipien (Bestandteile)hergenommen, aus denen die Eigenschaften entstehen. Und weil die wesentlichen Eigenschaften aus den wesentlichen Prinzipien des Trägers entstehen, daher wird in der Definition der Eigenschaften der Träger anstelle des Unterschieds angeführt, wenn sie im abstrakten Sinne definiert werden, insofern sie im eigentlichen Sinne unter eine Kategorie fallen, so wie man sagt, daß Stülpnasigkeit eine Gekrümmtheit der Nase ist. Jedoch wäre es anders, wenn die Definition der Eigenschaften vorgenommen würde, insofern sie im konkreten Sinne ausgesagt werden; unter solchen Umständen würde nämlich in deren Definition der Träger als Gattung angeführt, weil sie dann nach Art der zusammengesetzten Substanzen definiert würden, in deren Fall der Begriff der Gattung von der Materie hergenommen wird, so wie wir sagen, daß das Stülpnasige eine gekrümmte Nase ist. Ebenso ist es auch, wenn etwa eine Eigenschaft das Prinzip (Grundlage) einer anderen Eigenschaft ist, so wie Prinzip der Relation ist Tätigkeit und Erleiden (Bestimmtwerden) und Quantität; und daher teilt der Philosoph im 5. Buch der »Metaphysik« die Relation danach ein. Aber weil die wesentlichen Prinzipien (Bestandteile) der Eigenschaften nicht immer offenkundig sind, daher nehmen wir manchmal die Unterschiede der Eigenschaften von deren Wirkungen her, so wie das Zusammenziehende und das Streuende Unterschiede der Farbe genannt werden, die durch die Fülle oder die Spärlichkeit des Lichts verursacht werden, wodurch die verschiedenen Arten der Farbe verursacht werden.

So also ist offenbar, wie es sich mit Wesen im Falle der Substanzen und der Eigenschaften verhält, und wie im Falle der zusammengesetzten und der einfachen Substanzen, und wie sich in allen diesenFällen die logischen Allgemeinbegriffe erweisen; mit Ausnahme des Ersten, das an der Spitze der Einfachheit steht, dem wegen seiner Einfachheit der Begriff der Gattung oder der Art nicht zukommt und folglich auch nicht Definition: in ihm sei Schluß und Ende dieser Darlegung. Amen.